Alexandra Rodeck

Fit für die erste Voltigierprüfung

Steckenpferd, Kleines und
Großes Hufeisen

W0178456

In neuer Rechtschreibung

1. Auflage 2008
© Ensslin im Arena Verlag GmbH, Würzburg 2008
Cover: Joachim Kropp
Illustration: Astrid Vohwinkel
Fotos: Joachim Kropp; S. 14, 15, 19, 20, 21, 25, 28, 29, 31,
33, 34, 35, 37, 40, 41, 42, 43, 51, 83 von Lothar Lenz
Gesamtherstellung: Westermann Druck Zwickau GmbH
Gestaltung und Satz: Punkt und Komma, Claudia Böhme, Würzburg
ISBN 978-3-401-45311-8

www.arena-verlag.de

Alexandra Rodeck

Fit für die erste Voltigierprüfung

Steckenpferd, Kleines und Großes Hufeisen

ENSSLIN

Inhalt

THEORIE

Die Motivationsabzeichen

Hallo! Voltigierst du gerne? Möchtest du ein Motivations-abzeichen im Voltigieren ablegen? Dann bist du bei mir genau richtig. Gestatten, mein Name ist Orion. Ich bin bei mir auf dem Hof das dienstälteste Voltigierpferd. Ich habe schon unzählige Voltigierer durch ihre Prüfungen getragen – darum weiß damit auch keiner besser Bescheid als ich!

Die Motivationsabzeichen werden von der FN, der Deutschen Reiterlichen Vereinigung, vergeben. Es sind Abzeichen für Voltigiereinsteiger; sie sind ein Anreiz für dich, weiter fleißig zu trainieren und möglichst viel über Pferde und das Voltigieren zu lernen. Es gibt das Steckenpferd, das Kleine Hufeisen und das Große Hufeisen sowie das Kombinierte Hufeisen. Du musst aber nicht alle Abzeichen ablegen; du kannst auch welche überspringen.

Orions Tipp

Für das Steckenpferd und das Kleine Hufeisen darfst du höchstens 16, für das Kombinierte und das Große Hufeisen höchstens 18 Jahre alt sein.

Für die Abzeichen legst du eine praktische und eine theoretische Prüfung ab. Im praktischen Teil zeigst du beim Voltigieren dein Können; außerdem musst du den Umgang mit dem Pferd beherrschen. In der Theorieprüfung bekommst du vom Prüfer Fragen rund ums Pferd und das Voltigieren gestellt.

Bestanden!

Das Steckenpferd

Das Steckenpferd ist das allererste Abzeichen. Wenn du fleißig übst, kannst du es schon nach kurzer Zeit ablegen.

Du zeigst:

- Das Mittraben oder Mitgaloppieren mit dem Pferd
- Zwei Übungen im Galopp und fünf Übungen im Schritt aus der Übungsliste auf Seite 17
- Eine Doppelübung im Schritt
- Aufgang im Schritt mit Hilfestellung
- Das Abgehen nach innen, die korrekte Landung und das richtige Auslaufen

Eigentlich ist das nicht so schwer – das machst du doch in jeder Voltigierstunde, oder? Auch mit dem praktischen Teil zum „Umgang mit dem Pferd" hast du sicher keine Probleme. Hier ist Folgendes gefragt:

8

Orions Tipp

Bei den Motivationsabzeichen gibt es keine Noten, entweder lautet die Bewertung „bestanden" oder „nicht

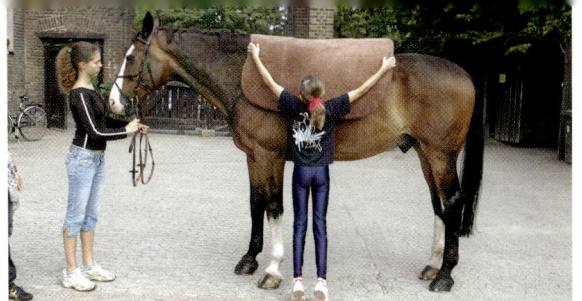

Das Aufgurten gehört zur Prüfung.

- 🌱 Richtiges Führen und Anbinden. Dazu gehören auch Wenden auf der Stallgasse und Vorbeigehen an anderen Pferden.
- 🌱 Putzen und Hufpflege
- 🌱 Aufgurten und Zäumen – das musst du noch nicht alleine machen, aber helfen solltest du schon können.
- 🌱 Versorgen des Pferdes nach dem Voltigieren

Als echter Voltigierer ist es selbstverständlich, dass du dabei hilfst, das Pferd zu versorgen – also kannst du das bestimmt alles schon recht gut, nicht?

bestanden". Es ist nicht schlimm, wenn es nicht klappen sollte – trainiere weiter und dann versuche es noch mal.

Im Theorieteil befragt dich der Prüfer zu verschiedenen Themen rund ums Pferd und ums Voltigieren, zum Beispiel:

- Wie die wichtigsten Putz- und Ausrüstungsgegenstände heißen
- Wie man den Gurt und die Trense pflegt
- Was du über das Verhalten und die Bedürfnisse von Pferden weißt
- Wie man mit Pferden umgeht und wie man sich als echter Pferdefreund verhält
- Wie man Pferde hält und füttert
- Wie man Unfälle vermeidet
- Welche Grundsätze des Tierschutzes du als Voltigierer beachten musst
- Was du über die sogenannte Voltigierlehre weißt; da geht es zum Beispiel um Voltigierübungen und Bahnregeln.

Gemeinsam lernt es sich am besten.

Das ist alles nicht so schlimm, wie es sich anhört –
vieles lernst du im Voltigierunterricht ganz von
selbst und dein Trainer wird vor der Prüfung sicher
Theoriestunden mit dir und den anderen Voltigierern abhalten. Das ist nicht nur für die Prüfung
wichtig – nur wer viel über Pferde weiß, kann ein
guter Voltigierer werden!

Das Kleine Hufeisen

Das Kleine Hufeisen ist der nächste Schritt; die
Anforderungen sind ähnlich wie beim Steckenpferd.
Hier musst du aber vier Übungen im Galopp und
drei im Schritt aus der Übungsliste auf Seite 17
zeigen. Ansonsten sind Theorie und Praxis gleich.

Das Große Hufeisen

Beim Großen Hufeisen werden die Anforderungen
in der Teilprüfung Voltigieren weiter gesteigert –
hier musst du sieben Übungen von der Liste im
Galopp können. Aber mit etwas Training schaffst
du das locker!

Das Kombinierte Hufeisen

Das Kombinierte Hufeisen ist eine feine Sache,
wenn du auch andere Sportarten gerne machst:
Du kannst dich neben dem Voltigieren noch in zwei
anderen Sportarten prüfen lassen. Eine davon
12 kann Reiten sein.

In der Teilprüfung Voltigieren zeigst du einige Übungen von der Übungsliste, die Gangart kannst du dir aussuchen. Du solltest dabei verschiedene Positionen vorführen, also nicht nur Übungen im Sitzen oder Knien – zeige dem Prüfer, was du kannst. Auch Doppelübungen müssen dabei sein.

Neue Übungen zu probieren ist spannend.

Wenn du neben dem Voltigieren auch im Reiten geprüft werden willst, zeigst du in einer Gruppe von zwei bis vier Reitern eine selbst ausgedachte Aufgabe. Der Prüfer möchte einen guten Sitz und korrekte Einwirkung auf das Pferd sehen. Den leichten Sitz müsst ihr auch zeigen.

Zum Schluss reitet ihr eine selbst zusammengestellte Geschicklichkeitsaufgabe; dazu baut ihr einen sogenannten Parcours, eine Bahn mit zum Beispiel einem Slalom, einem Stangenlabyrinth,

einem Flattervorhang und mit drei bis fünf kleinen Hindernissen.

Der theoretische Teil entspricht wieder dem der übrigen Abzeichen. Wenn du Reiten als zweite Sportart gewählt hast, kannst du dich in Voltigier-lehre, aber auch in Reitlehre prüfen lassen. Dazu gehören z. B. die Bahnregeln, Hufschlagfiguren, Satteln und Zäumen, der richtige Sitz, die Hilfen und dergleichen (auf der hinteren Klappe findest du ein Buch dazu). Dann kommt noch die Prüfung von der oder den „pferdefremden" Sportarten, eine, wenn du noch Reiten gewählt hast, ansonsten zwei.

Wahlsportarten für das Kombinierte Hufeisen Voltigieren:

- Laufen: 15 Minuten
- Schwimmen: 15 Minuten
- Radfahren/Mountainbiking: 30 Minuten
- Inlineskating: 30 Minuten
- Ski-Langlauf: 30 Minuten
- Skilaufen (Slalomparcours)
- Mannschaftssportarten: 15 Minuten (Handball, Fußball, Basketball, Volleyball, Hockey)

Wenn du andere Sportarten wählen willst, musst du das vorher beantragen.

Übungsliste

Aus folgenden Übungen kannst du bei den Motivationsabzeichen auswählen:

- Grundsitz vorwärts angefasst oder frei
- Umsteiger im Sitzen
- Schneidersitz vorwärts oder rückwärts, angefasst oder frei
- Rückwärtssitz angefasst oder frei
- Bank vorlings oder rücklings
- Bank mit der inneren Hand auf deinem Rücken
- Freies Knien vorwärts oder rückwärts
- Seitsitz nach innen oder außen angefasst
- Quersitz nach innen oder außen mit einer Hand frei
- Liegestütz vorwärts
- Lieger vorwärts oder seitwärts
- Sitzen vor dem Gurt vorwärts oder rückwärts
- Standwaage in der Schlaufe vorwärts, rückwärts oder seitwärts
- Standwaage auf dem Pferderücken vorwärts, rückwärts oder seitwärts

 # Pferdeverhalten

Als Voltigierer solltest du auf uns Pferden nicht nur herumturnen können, sondern dich auch ein wenig mit uns auskennen. Darum sind der Umgang mit Pferden und das Wissen über unsere Bedürfnisse auch Teil der Prüfung für die Motivationsabzeichen.

Pferde sind **Fluchttiere.** Das ist das Wichtigste, was du wissen musst. Es bedeutet, wir laufen davon, wenn wir Angst haben. Früher, als wir noch wild in der Steppe lebten, war das unsere einzige Verteidigung gegen Raubtiere. Klar, was will man sonst gegen scharfe Zähne und Klauen ausrichten? Wenn wir Pferde uns erschrecken, reißen wir aus, auch heute noch. Für dich heißt das, dass du im Umgang mit uns immer ein wenig auf Zack sein solltest – du musst immer damit rechnen, dass wir uns vor irgendetwas Unbekanntem erschrecken und scheuen. Also Augen auf!

Pferde sind **Lauftiere.** In freier Wildbahn bewegen wir uns praktisch den ganzen Tag. Wir wandern gemächlich und fressen dabei. Das bedeutet, wir brauchen viel, viel Bewegung, um uns wohlzufühlen.

So fühlen Pferde sich wohl – im Freien mit Artgenossen. **19**

Den ganzen Tag in einer engen Box stehen und die Wand anstarren und nur eine Stunde zum Voltigieren oder Reiten rausgeholt zu werden, finden wir gar nicht witzig. Und je weniger Bewegung und Abwechslung wir haben, desto schreckhafter und nervöser werden wir auch. Irgendwo muss man ja hin mit seiner Energie, oder?

Die meisten Pferde lieben es, zu toben.

Orions Tipp

Trubel regt viele meiner Kameraden auf – nicht jeder ist so abgebrüht wie ich. Also möglichst im Pferdestall Hektik und Lärm vermeiden – sonst kommt der Fluchtinstinkt wieder hoch!

Pferde sind **Herdentiere.** In freier Wildbahn schließen wir uns zu Herden zusammen, um uns besser gegen Angriffe schützen zu können. Unter uns haben wir eine Rangordnung: Die Anführer sind Leithengst und Leitstute. Diese Position müssen sie sich erkämpfen. In der Herde spielen wir miteinander, wir pflegen uns gegenseitig das Fell, wir halten Wache, wenn andere Pferde schlafen. Wenn wir nur allein in der Box stehen und nie Kontakt zu anderen Pferden haben, werden wir traurig und lustlos. Darum sollten wir wann immer möglich gemeinsam in einen Auslauf oder auf die Weide gebracht werden.

Die gegenseitige Fellpflege nennt man Fellkraulen.

Die Sprache der Pferde

Kannst du die Pferdesprache? Das ist ganz wichtig.
Natürlich können wir nicht wirklich sprechen, aber
wenn du genau aufpasst, wirst du bald verstehen,
was wir dir sagen wollen.

Deine Ohren brauchst du relativ wenig, denn wir
wiehern eigentlich nur dann, wenn wir die anderen
Pferde nicht sehen können. Meistens verständigen
wir uns über Körpersprache.

Schau genau auf unsere Augen und Ohren, auf unser
Maul und unsere Körperhaltung:

◀ Flach angelegte Ohren,
verkniffene Nüstern, vielleicht
entblößte Zähne und ein
angehobener Hinterhuf:
Drohgebärde – Vorsicht ist
angesagt, hier ist jemand
sehr schlecht gelaunt!

**Orions Tipp**

**Gib dir Mühe, die Pferdesprache zu
lernen – so vermeidest du Unfälle, denn
ein schlecht gelauntes oder aggressives**

◀ Gespitzte Ohren, freundliche Augen: Interesse, gute Laune

▶ Geblähte Nüstern, weit offene Augen, gespitzte Ohren, aufgestellter Schweif: Aufregung

◀ Angelegte Ohren, man sieht das Weiße in den Augen, die Ohren spielen, das Pferd weicht aus: Angst

23

Pferd kann auch mal treten! Wenn du unsicher bist oder Angst vor einem Pferd hast, hol dir immer einen Erwachsenen dazu!

Pferdehaltung

Steht dein Voltigierpferd in einem Stall in einer **Box?**
Das ist die häufigste Form der Pferdehaltung – aber
eigentlich ist es die, die uns Pferden am wenigsten
gefällt. Wir laufen gern, wir haben gern Gesellschaft,
da ist die Einzelbox für uns nicht gerade ideal.
Wenn Pferde in Boxen gehalten werden, sollten sie
viel nach draußen kommen. Da haben wir Bewegung
und Kontakt zu anderen – und sind dann beim
Voltigieren auch viel ruhiger und geduldiger. Toll
ist es, wenn die Einzelbox eine Halbtür hat, deren
obere Hälfte man öffnen kann.
Dann können wir nach draußen
gucken. Noch besser ist
ein kleiner Auslauf
(Paddock) vor der Box.
Der Stall selbst sollte
möglichst hell und
luftig sein.

24

Orions Tipp

**Wenn der Stall keine Weide oder Koppel
hat, freuen wir uns, wenn wir gemeinsam in
der Reithalle toben dürfen – so bekommen wir Bewegung
und können mit anderen Pferden spielen.**

Am liebsten sind wir aber natürlich auf der Weide. Wenn es auf der Weide oder Koppel einen **Offenstall** gibt, also einen Unterstand, der nach einer Seite offen ist, können wir das ganze Jahr über draußen leben. Wind und Wetter machen uns nichts aus. Im Offenstall fühlen wir uns am wohlsten. Ein Mittelweg ist der **Laufstall**, eine große geräumige Box für mehrere Pferde.

Ein Offenstall mit Auslauf ist artgerecht.

Die Stallarbeit

Würdest du gerne auf der Toilette wohnen? Wahrscheinlich nicht, oder? Ich finde das ehrlich gesagt auch nicht so toll – aber ich habe eben nur ein Zimmer. Darum ist es ganz wichtig, dass die Boxen im Stall jeden Tag ausgemistet werden. Nasses und schmutziges Stroh wird entfernt und auf den Misthaufen gefahren, frisches Stroh kommt in die Boxen. Futterkrippe und Tränke müssen auch sauber gemacht werden. Die Stallgasse ist eigentlich fast immer schmutzig – Heu, Stroh, Pferdeäpfel, Hallenboden, der aus der Reithalle getragen wurde, alles liegt herum. Darum muss immer wieder gefegt werden.

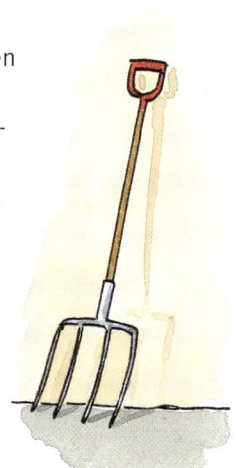

Orions Tipp

Egal, womit du hantierst: Schubkarre, Mistgabel, Schaufel, Besen, Putzzeug, räum alles wieder weg. An diesen Dingen können Pferde sich schwer verletzen.

Auch eine Weide braucht Pflege: Tränke und Zäune müssen regelmäßig kontrolliert und die Pferdeäpfel eingesammelt werden. Wir sind wählerische Esser, wir fressen das Gras an diesen Stellen sonst nicht mehr. Außerdem können wir Würmer bekommen, wenn nicht sauber gemacht wird. Also, Schubkarre und Schaufel schnappen und los!

 # Futter

Was fressen Pferde eigentlich? Gras, na klar! Aber das ist noch nicht alles. Es gibt drei verschiedene Futtersorten:

RAUFUTTER: Dazu gehören Heu und Stroh. Heu ist getrocknetes Gras (du erkennst es an der grünen Farbe und dem aromatischen Duft), Stroh nennt man getrocknete Getreidehalme. Stroh wird oft auch als Boxeneinstreu verwendet. Die meisten Pferde knabbern gerne davon. Raufutter und Gras genügen uns Pferden eigentlich zum Leben – so lange wir nicht arbeiten müssen.

Stroh und Gras sind wichtige Futtermittel.

Kraftfutter schmeckt, aber zu viel ist ungesund.

KRAFTFUTTER: Das ist für uns Pferde das, was Benzin für einen Motor ist. Es gibt uns Energie, zum Beispiel eben fürs Voltigieren. Meistens wird Hafer als Kraftfutter verwendet, manchmal auch Gerste und Mais. Pellets sind gepresste Kraftfutterkügelchen. Kraftfutter darfst du nie ohne Erlaubnis füttern, denn es muss sorgfältig abgemessen werden! Zu viel macht uns nervös, übermütig oder sogar schwer krank!

SAFTFUTTER: Damit ist frisches Futter gemeint: Gras, aber auch Mohr- und sonstige Rüben.

Orions Tipp

Direkt nach dem Füttern sollten wir nicht gleich arbeiten müssen – du treibst ja auch nicht gern mit vollem Bauch Sport!

ZUSATZFUTTER gibt es auch noch: verschiedene Mineralien und Vitamine, die es als Fertigfutter zu kaufen gibt. Wenn wir schwitzen, verlieren wir Pferde Salze, darum schlecken die meisten von uns gerne an Salzlecksteinen.

Zur **BELOHNUNG** kannst du uns hartes, altes Brot (aber nicht zu viel und es darf nicht schimmelig sein), Äpfel und Karotten füttern. Es gibt auch spezielle Pferdeleckerli. Zucker mögen wir zwar, aber gesund ist er nicht und er macht die Zähne kaputt, also bring uns lieber etwas anderes mit.

Orions Tipp

Füttere kein Pferd, wenn die anderen es mitbekommen. Wir sind extrem futterneidisch, da gibt es schnell Streit und Kämpfe. Auch wenn du beim Füttern hilfst,

Selbsttränken sind praktisch.

WASSER brauchen wir Pferde natürlich auch. Wir trinken zwischen 30 und 50 Liter pro Tag. Das Tränken ist darum sehr wichtig, vor allem im Sommer. In den meisten Ställen gibt es sogenannte Selbsttränken: Wenn wir mit dem Maul auf eine Klappe drücken, beginnt das Wasser zu fließen. Ansonsten muss aus Eimern getränkt werden. Die Tränke auf der Weide muss immer gut funktionieren. Direkt nach dem Voltigieren oder Reiten darfst du uns aber nicht zu hastig trinken lassen, das ist ungesund.

sei vorsichtig – manch einer meiner Kumpels geht regelrecht auf dich los, wenn du in die Box kommst. Da musst du selbstbewusst sein und ihn zurechtweisen.

Krankheiten

Genau wie Menschen können auch wir Pferde krank werden. Ist dein Voltigierpferd teilnahmslos oder nervös, frisst und trinkt es nicht mehr? Oder hast du eine Verletzung entdeckt? Du solltest sofort einen Erwachsenen holen, der wenn nötig den Tierarzt verständigen kann.

Ein häufiges Problem, besonders bei Stallpferden, ist **Husten:** Staubige Luft bekommt uns nicht gut. Du kannst hier vorbeugen, indem du vor dem Fegen die Stallgasse anfeuchtest.

Kleinere Wunden und Schnitte können oft ohne Tierarzt behandelt werden. Besonders gefürchtet ist

bei uns Pferden der **Sattel- oder Gurtdruck:** So nennt man es, wenn Sattel oder Voltiergurt uns aufgescheuert

32

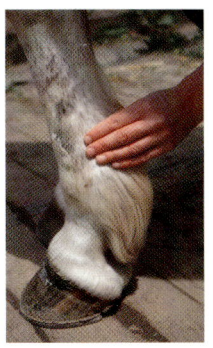

Untersuchung von Kopf ...   **... bis Fuß**

haben. Das tut gemein weh – also pass beim
Satteln oder Aufgurten immer genau auf, dass alles
richtig sitzt.
In schlimmen Fällen muss eine Wunde vielleicht
genäht werden. Dann kommt der Tierarzt in den
Stall. Er kann auch Röntgenaufnahmen machen,
zum Beispiel, wenn ein Pferd lahmt (humpelt). Eine
Lahmheit muss gründlich auskuriert werden, eine
Weile kann nicht voltigiert werden.

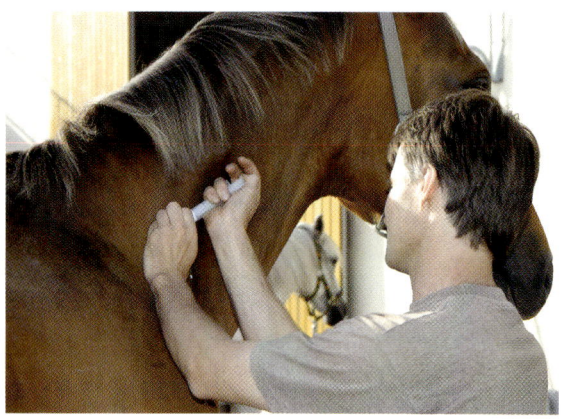

Regelmäßige Impfungen sind wichtig.

Auch bei **Koliken** (so nennt man Bauchweh bei uns Pferden) muss oft der Tierarzt helfen. Eine Kolik ist leicht zu erkennen: Wir schwitzen, schlagen mit dem Schweif, werfen uns hin und sehen uns nach unserem Bauch um. Führen im Schritt kann helfen, bis der Tierarzt kommt – das bringt die Verdauung vielleicht wieder in Schwung.

Orions Tipp

Zur Vorbeugung werden wir Pferde gegen verschiedene Krankheiten geimpft, z. B. gegen Influenza und Wundstarrkrampf. Auch eine Wurmkur muss mindestens zwei- bis dreimal im Jahr gemacht werden.

In schlimmen Fällen muss ein krankes Pferd in die Klinik gebracht werden, zum Beispiel bei schweren Koliken oder Knochenbrüchen. Dort gibt es Spezialisten, die Operationen durchführen können. Manchmal können aber auch sie nicht mehr helfen. Sehr schwer kranke oder verletzte Pferde müssen eingeschläfert werden. Das ist schlimm, und wenn so etwas passiert, darfst du auch weinen. Aber denk immer daran, dass es für das Pferd so das Beste ist: Es wäre viel schlimmer, wenn es weiter leiden müsste.

Röntgen in der Klinik

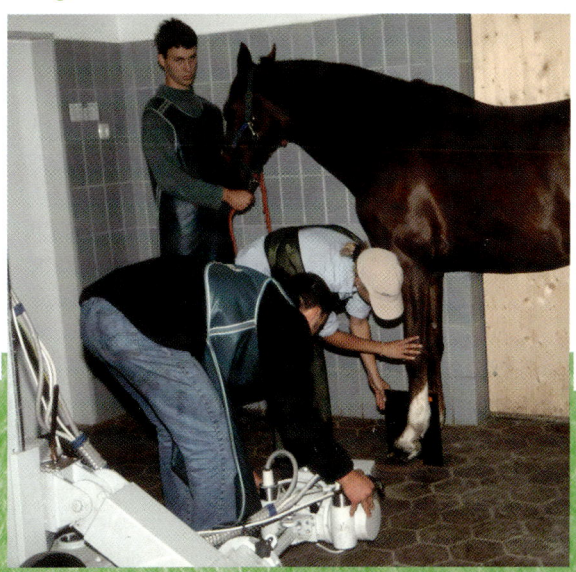

Farben

Weißt du, wie man ein schwarzes Pferd nennt? Rappe, klar, das weiß fast jeder. Aber kennst du auch die anderen Pferdefarben? Sie sind nicht schwer zu behalten. Übrigens: Das Fell am Körper nennt man **Deckhaar.** Mähne und Schweif werden **Langhaar** genannt.

FUCHS: Das Fell ist braun oder rotbraun, das Langhaar ist gleichfarbig oder heller, bis hin zum Blond.

BRAUNER: Das Deckhaar ist braun, das Langhaar schwarz.

RAPPE: Deckhaar und Langhaar sind schwarz.

SCHIMMEL: Deckhaar und Langhaar sind weiß, wobei andere Farben „untergemischt" sein können. Es gibt Grau-, Schwarz-, Braun- und Rotschimmel. Bei der Geburt sind Schimmel dunkel, mit den Jahren werden sie dann immer heller.

36

Orions Tipp

Manche Pferderassen erkennt man an der Farbe: zum Beispiel die rabenschwarzen Friesen oder die falbfarbenen Norweger mit der schwarz-weißen Mähne.

FALBE: Das Deckhaar ist gelblich, das Langhaar schwarz.

ISABELLE ODER PALOMINO: Das Deckhaar ist golden oder gelblich, das Langhaar hellblond.

SCHECKE: Die bunt gefleckten Schecken können alle möglichen Farben in den verschiedensten Mustern haben.

Bunt, bunt, bunt sind alle meine Pferde ...

Abzeichen

Keilstern

Auch wir Pferde haben Abzeichen – die haben aber nichts mit Prüfungen zu tun. So nennt man die weißen Flecken in unseren Gesichtern und an unseren Beinen. An den Abzeichen kann man ein Pferd recht gut erkennen; es ist selten, dass zwei Pferde die gleichen haben. Ich zum Beispiel habe einen Keilstern.

| **Weiße Krone** | **Halbweiße Fessel** | **Weiße Fessel** | **Halbweißer Fuß** | **Hochweißer Fuß** |

Breite Blesse   **Schmale Blesse**   **Flocke und Milchmaul**

Laterne   **Stern und Schnippe**

Solche weißen Flecken am Körper sind keine Abzeichen – hier hat das Pferd Satteldruck gehabt.

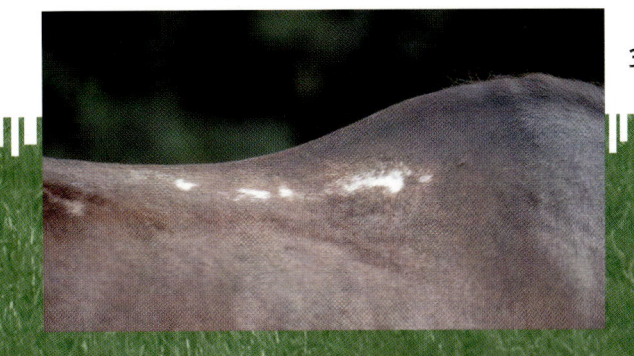

 # Rassen

Pferde werden für die verschiedensten Zwecke eingesetzt: zum Dressurreiten, zum Springen, zum Fahren, für die Feldarbeit. Darum haben sich verschiedene Rassen entwickelt: Die Menschen versuchten, gezielt Pferde mit bestimmten Eigenschaften zu züchten. Dabei sind folgende grundlegende **Pferdetypen** entstanden:

WARMBLÜTER wie ich werden dir im Voltigiersport am ehesten begegnen: elegante, moderne Reitpferde, die sich zum Dressurreiten, zum Springen,

Warmblüter sind gute Dressurpferde.

zum Geländereiten und eben auch zum Voltigieren eignen. Wichtige Warmblutrassen sind der Holsteiner, der Hannoveraner, der Oldenburger, der Württemberger und der Trakehner.

Araber sind wunderschöne, edle Tiere.

VOLLBLÜTER sind die edelsten Pferde der Welt; häufig werden sie eingesetzt, um andere Rassen zu veredeln. Besonders bewundert werden die wunderschönen arabischen Vollblüter. Die englischen Vollblüter stammen von ihnen ab. Du kannst sie oft auf der Rennbahn sehen. Auch beim Distanz- und Vielseitigkeitsreiten sind Vollblüter erfolgreich.

KALTBLÜTER heißen die schweren Arbeitspferde, die früher bei der Feldarbeit und vor dem Wagen eingesetzt wurden. Heute sieht man sie immer noch vor der Kutsche oder als Brauereipferde. Meist sind sie sehr ruhige und freundliche Kerle, sanfte Riesen sozusagen. Langes Galoppieren ist aber nicht so ihre Sache, daher setzt man sie nicht sehr oft beim Voltigieren ein. Wichtige Rassen sind der Ardenner, der Percheron, das Shire Horse und der Clydesdale.

Kaltblüter bringt nichts aus der Ruhe.

Orions Tipp

Größere Ponys, wie der Haflinger und der Norweger, eignen sich auch zum Voltigieren für jüngere Kinder. Sie sind meist sehr gutmütige Kameraden.

Haflinger erkennt man an der blonden Mähne.

PONYS UND KLEINPFERDE nennt man alle Pferde, die unter 148 cm groß sind, gemessen am Widerrist, das ist dort, wo der Hals in den Rücken übergeht. Die meisten Ponyrassen sind recht robust, zum Beispiel das Shetland-Pony, das Exmoor-Pony, der Haflinger, der Isländer und der Norweger. Es gibt aber auch einen edleren Ponytyp, der eher den großen Pferden ähnelt. Dazu gehören das Deutsche Reitpony und das Welsh-Pony. Sie sind häufig auf Turnieren erfolgreich.

Aufhalftern und Führen

Wenn du ein Pferd führen oder anbinden willst, legst du ihm ein Stallhalfter an. Bitte denk dran: Wir möchten angesprochen werden, bevor du an uns herangehst! Wir erschrecken, wenn plötzlich jemand auftaucht.

Jetzt geht's los: Nasenstück über die Nase streifen, das Genickstück über die Ohren ziehen, Kehlriemen

schließen, fertig. Bei manchen Halftern muss das Genickstück geöffnet werden. Greife mit der rechten Hand unter dem Pferdekopf durch, lege das Genickstück von rechts hinter die Ohren und schließe dann die Schnalle.

Orions Tipp

NIE, NIE, NIE den Führstrick oder die Longe um die Hand wickeln! Wenn ein Pferd scheut und dich mitreißt, kann es böse Verletzungen geben!

Zum Führen verwendest du immer einen Führstrick
mit Panikhaken. Du gehst links, etwa auf Höhe der
Pferdeschulter, deine rechte Hand greift ins Halfter
oder hält den Strick nah am Kopf, die linke Hand
nimmt das Strickende. Wenn du an der Longe
führst, ist es genauso, rechte Hand nah am Kopf, die
linke hält die Schlaufen der aufgewickelten Longe.
Gewendet wird immer nach rechts, damit dir das
Pferd nicht in der Kurve auf den Fuß tritt. Beim Vorbeigehen an anderen Pferden immer Sicherheits-
abstand halten! Wenn du auf der Stallgasse an einem
anderen Pferd vorbeigehst, lasse dieses Pferd von
einer zweiten Person festhalten!

 # Anbinden

Angebunden wird immer nur am Halfter. Wenn das Pferd schon aufgetrenst ist, zieh das Halfter über die Trense. Binde uns nur an festen Anbindebalken oder -ringen an, nicht einfach an der Stalltür oder am Fenstergriff. Der Strick sollte so kurz sein, dass wir nicht hineintreten können, aber ein bisschen Kopffreiheit sollten wir noch haben. Zum Anbinden verwendest du einen Sicherheitsknoten, der sich mit einem Zug öffnen lässt. In Reichweite dürfen keine Gegenstände stehen, in die wir hineintreten können.

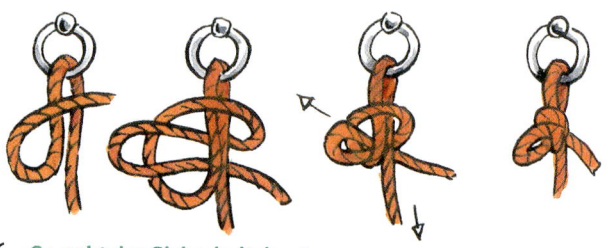

46   **So geht der Sicherheitsknoten.**

 # Das Putzen

Vor dem Voltigieren muss das Voltigierpferd gründlich geputzt werden. Nicht nur, damit wir manierlich aussehen (ich zum Beispiel bin ja nicht eitel). Vielmehr könnte Dreck unter dem Voltigiergurt Druckstellen geben – und dann ist erst mal Sense mit dem Voltigieren. Außerdem regt das Putzen den Kreislauf an und wir können wunderbar Freundschaft schließen dabei!

Das gehört in die Putzkiste: Striegel, Wurzelbürste, Kardätsche, Hufkratzer, Huffett, Mähnenkamm und Schwämme.

47

Du fängst mit dem **Striegel** an: Mit kreisenden Bewegungen wird das Fell aufgeraut. Sei aber vorsichtig am Bauch, da sind viele Pferde kitzelig. An knochigen Stellen, zum Beispiel am Kopf und an den Beinen, darfst du nicht mit dem Striegel putzen. Verwende hier eine **Wurzelbürste** oder eine **Kardätsche**.

Orions Tipp

Im Sommer mögen viele von uns Pferden es, nach der Arbeit die Beine mit kaltem Wasser abgespritzt zu bekommen. Aber Vorsicht, manche meiner Kollegen haben Angst vor dem Schlauch.

Als Nächstes nimmst du die **Kardätsche:** Mit ihr bürstest du den Staub aus dem Fell, den du mit dem Striegel nach oben geholt hast. Arbeite mit langen Strichen mit der Wuchsrichtung des Fells (also von vorne nach hinten). Streiche die Kardätsche nach jedem Strich am Striegel ab; den Striegel klopfst du regelmäßig am Boden aus. Wenn das Pferd blitzblank glänzen soll, nimm zum Schluss einen Wolllappen zum Abreiben.

Für die Mähne nimmst du eine Wurzelbürste oder einen **Mähnenkamm** – Vorsicht, nicht zu viele Haare ausreißen! Das gilt erst recht für den Schweif. Hier arbeitest du am besten mit den Händen und verliest die Haare einzeln. Schweifhaare brauchen nämlich verdammt lange, um nachzuwachsen!

Als Nächstes kommen Augen, Nüstern und Maul, hier benutzt du einen feuchten **Schwamm.** Für das Hinterteil brauchst du noch einen zweiten Schwamm. Beide Schwämme solltest du nach Gebrauch auswaschen.

 # Hufpflege

Die Hufe müssen vor und nach dem Training ausgekratzt werden. Dreck lässt sie faulen und Steinchen
und andere Fremdkörper können wehtun. Und dass
dann nicht mehr voltigiert werden kann, ist ja klar.
Man fängt am linken Vorderbein an. Stelle dich mit
Blick zum Schweif neben das Pferdebein und lasse
die linke Hand daran heruntergleiten (rechts ist es
natürlich umgekehrt). Sage deutlich „Huf!", dann
heben die meisten Pferde das Bein recht brav hoch.
Stütze es auf deinem Oberschenkel ab; jetzt ent-
fernst du mit
dem Hufkratzer
den Schmutz.
Hin und wieder
werden die
Hufe mit Was-
ser gewaschen
und danach
eingefettet.

Die Hufeisen werden glühend heiß in die passende Form gehämmert.

Regelmäßig kommt der Hufschmied in den Stall. Er kürzt unsere Hufe, denn die wachsen nach wie deine Fingernägel. Manche von uns bekommen dann auch Hufeisen aufgenagelt; das hängt davon ab, wie stark sich die Hufe abnutzen und auf welchem Boden wir laufen müssen. Hufeisen schützen unsere Hufe vor zu starker Abnutzung. Das Beschneiden der Hufe und das Aufnageln der Hufeisen tun nicht weh.

51

Orions Tipp

Die dreieckige Furche an der Hufsohle, der Strahl, ist empfindlich. Sei hier also vorsichtig.

Aufgurten

Voltigieren kann man natürlich nicht auf dem nackten Pferderücken. Vor dem Training wird so einiges auf mich draufgepackt. Am wichtigsten ist natürlich der robuste **Voltigiergurt** mit den zwei Griffen und den zwei Fußschlaufen – er ist die Voraussetzung

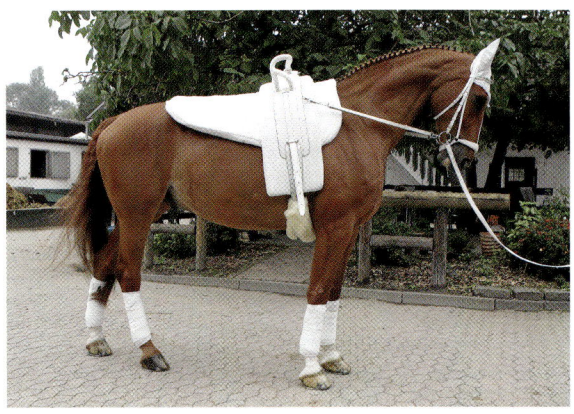

Fertig fürs Training.

Orions Tipp

Gute Voltigiergurte sind sehr teuer. Geh vorsichtig mit der Ausrüstung um und lege den Gurt nie einfach auf den Boden.

dafür, dass du so viele verschiedene Übungen auf dem Pferderücken machen kannst.

Beim Aufgurten kommt als Erstes das **Pad**, eine große Unterlage, die den Rücken schützt. Darüber wird die **Gurtunterlage** gelegt, obendrauf kommt der Voltigiergurt. Bevor du den Gurt anziehst, musst du überprüfen, ob alles richtig liegt und nichts Falten wirft – Gurtdruck ist schmerzhaft! Der Gurt wird am Anfang nur locker angezogen; später in der Reithalle wird nachgegurtet und auch nach den ersten paar Minuten Bewegung noch einmal. An meine Beine kommen Gamaschen oder Bandagen zum Schutz.

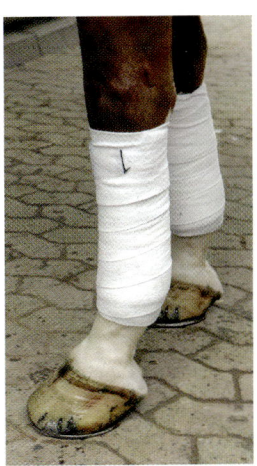

Lass dir am Anfang beim Bandagieren helfen.

Auftrensen

Am Kopf trägt das Pferd beim Voltigieren eine Trense. Angelegt wird sie so:

Als Erstes nimmst du das Halfter ab. Streife es dem Pferd über den Hals, so kann es sich nicht davonmachen (manche Kumpels machen das, ehrlich – ich natürlich nicht).

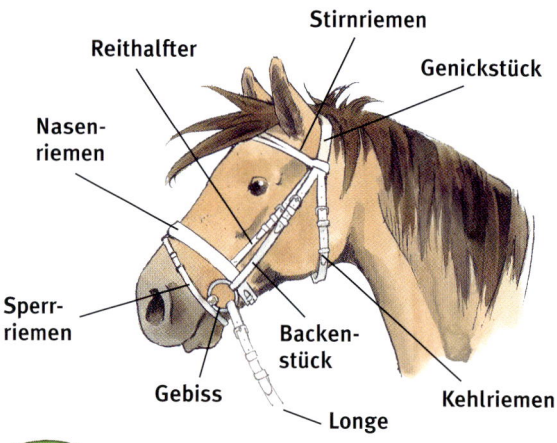

Stirnriemen

Reithalfter

Genickstück

Nasen-
riemen

Sperr-
riemen

Gebiss

Backen-
stück

Longe

Kehlriemen

Orions Tipp

Die Ausbinder, die vom Gurt zum Trensengebiss laufen, werden erst eingehakt, wenn das Pferd sich etwas aufgewärmt hat. Sie erleichtern die richtige Kopfhaltung.

Lege deinen rechten Arm um den Pferdekopf und nimm die Trense bei den Backenstücken. Das Trensengebiss hältst du mit der linken Hand. Ich mache das Maul gleich auf, wenn du es leicht gegen meine Zähne drückst. Widerspenstige Pferde bewegst du zum Maulöffnen, indem du in die Maulspalte greifst – dort haben wir keine Zähne, also keine Angst. Wenn das Gebiss im Maul sitzt, zieh das Genickstück über die Ohren, ordne die Mähne und schließe den Kehlriemen und Nasenriemen. In den Kehlriemen muss eine Faust passen, in den Nasenriemen müssen mindestens zwei Finger hineingehen.

Die Ausrüstung für dich

Für das Voltigieren brauchst natürlich auch du die
richtige Ausrüstung. Solange du nicht auf Turniere
gehst, brauchst du nicht unbedingt ein Trikot; eine
eng anliegende Gymnastikhose und ein T-Shirt oder
Pullover reichen aus. Flattrig sollte die Kleidung

Korrekte Kleidung fürs Voltigieren

Orions Tipp

**Im Stall solltest du immer feste Schuhe
tragen, zieh die Schläppchen erst in der
Halle an. Wenn dir einmal ein Pferd auf
den Fuß getreten ist, weißt du, warum.**

nicht sein, du könntest hängen bleiben, außerdem sieht dein Trainer deine Haltung nicht. An den Füßen trägst du Gymnastikschläppchen. Es gibt spezielle Voltigierschläppchen, aber Turnschlappen tun es für den Anfang auch. Turnschuhe mit harten Sohlen sind eine Zumutung für das Pferd – glaub mir, es tut gemein weh, wenn jemand damit auf mir herumturnt! Wenn du lange Haare hast, binde sie zurück. Wenn du daran hängen bleibst, ist das sehr schmerzhaft. Dasselbe gilt für Schmuck, den nimmst du beim Voltigieren ab.

Im Winter ist es in der Reithalle oft kalt. Besonders deine Füße solltest du dann warm einpacken!

Das Aufwärmen

Vor der Voltigierstunde musst du dich immer aufwärmen, auch wenn es sehr heiß ist. Deine Muskeln
und Sehnen müssen locker sein, damit du dich nicht
so leicht verletzen kannst. Beginne mit Laufen und
Hüpfen. Dann lockerst du deinen ganzen Körper: Mit
Kopfdrehen, Armkreisen, Hüftkreisen, Rumpfbeugen,
mit Dehnübungen für Körper, Arme und Beine.

Orions Tipp

Damit das Aufwärmtraining nicht lang-
weilig wird, könntet ihr ausmachen, dass
in jedem Training einer von euch eine
neue Übung „mitbringt"!

Das Holzpferd ist ein wichtiges Trainingsgerät.

Beweglichkeit ist für Voltigierer besonders wichtig, aber auch ein bisschen Krafttraining schadet nicht. Liegestütz ist eine gute Übung für die Armkraft. Bauchmuskeltraining nützt dir bei vielen Voltigier-übungen. Körperspannung ist beim Voltigieren sehr bedeutend. Du darfst niemals auf dem Pferd „lümmeln", sondern dein Körper muss immer kontrolliert und gespannt sein.
Eine wichtige Vorbereitung für das Turnen auf dem Pferd ist das Üben auf dem Holzpferd. Hier kannst du alles so lange probieren, bis es sitzt.

Longieren

Beim Voltigieren wird das Pferd longiert: Es geht an einer langen Leine, der Longe, im Kreis (Zirkel) um den sogenannten Longenführer herum. Der Zirkel hat ungefähr 15 Meter Durchmesser. Man spricht von linker und rechter Hand: linke Hand bedeutet, die linke Seite des Pferdes zeigt zum Longenführer und umgekehrt. Der Longenführer hält in der einen Hand die Longe, in der anderen die Longierpeitsche.

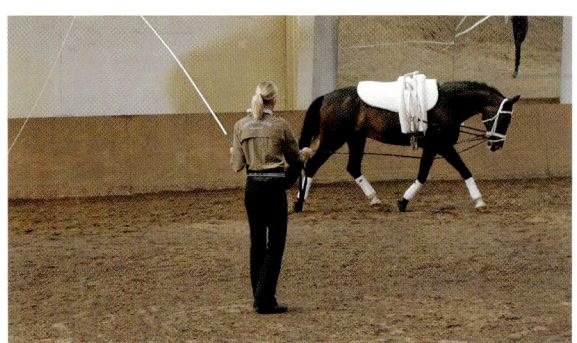

Orions Tipp

Wenn du die Reithalle betreten oder verlassen möchtest, ruf immer „Tür frei" und warte auf die Antwort „Ist frei".

So stehst du richtig beim Longenführer.

Die Voltigierer stellen sich am Zirkelrand nebeneinander auf. Hier solltest du nicht herumhampeln oder Krach machen und damit Pferd, Voltigierer und Longenführer ablenken. Ein wenig Disziplin ist beim Voltigieren nötig. Kurz bevor du an der Reihe bist, läufst du hinter dem Pferd in die Mitte zum Longenführer. Bleib hinter der Peitsche und drehe dich mit im Kreis. Erst wenn der Voltigierer vor dir fast fertig ist, schlüpfst du unter der Peitsche durch und läufst an der Longe entlang zum Pferd. Wenn du deine Übungen beendet hast, läufst du in derselben Richtung wie das Pferd zu deiner Gruppe zurück.

Du könntest sonst zum Beispiel mit jemandem zusammenstoßen, der gerade in der Halle reitet.

Die Gangarten

Die meisten Pferde beherrschen drei verschiedene Gangarten: den Schritt, den Trab und den Galopp.

Der **Schritt** ist die langsamste Gangart. Er ist ein Viertakt. Die Beine bewegen sich eins nach dem anderen: hinten links, vorne links, hinten rechts und vorne rechts. Im Schritt probierst du die ersten Voltigierübungen aus.

Im Schritt kannst du schwere Übungen das erste Mal probieren.

Der **Trab** ist ein Zweitakt. Das linke Vorderbein und

Orions Tipp

Während die Voltigierer sich aufwärmen, wird das Voltigierpferd in den drei Grundgangarten ablongiert; es muss sich schließlich auch aufwärmen.

das rechte Hinterbein greifen gleichzeitig vor und umgekehrt. Dazwischen liegt eine Schwebephase, das Pferd „springt" von einem Beinpaar auf das andere. Zum Voltigieren ist der Trab nicht geeignet – er ist zu wackelig und gibt keinen richtigen Schwung.

Fortgeschrittene voltigieren im **Galopp.** Er ist ein Dreitakt. Es gibt Links- oder Rechtsgalopp. Im Linksgalopp ist die Reihenfolge der Beine hinten rechts, dann gleichzeitig hinten links und vorne rechts, schließlich vorne links und dann eine Schwebephase. Im Rechtsgalopp ist es genau andersherum.

Im Galopp an der Longe

# Hinauf und hinunter

Bei der Prüfung für die Motivationsabzeichen musst du noch nicht im Galopp aufs Pferd springen können. Dir wird im Schritt aufs Pferd geholfen. Du gehst auf Höhe des Gurtes neben dem Pferd her und fasst an die Griffe. Ein Helfer nimmt deinen abgewinkelten Unterschenkel in die Hand und gibt dir Schwung. Versuche, das Bein möglichst hoch über das Pferd

Korrekte Aufganghilfe

zu führen und ganz gerade zu strecken. Sitze weich ein – nicht einfach plumpsen lassen!

Beim **Abgang** nach innen führst du das äußere Bein gestreckt über die Griffe in den sogenannten Innensitz. Schließe die Beine und drücke dich vom Pferd weg. Die Landung federst du in den Knien ab und läufst dann in der Bewegungsrichtung des Pferdes weiter.

Zeigen musst du bei der Prüfung auch das **Mittraben oder Mitgaloppieren.** Dabei läufst du in der jeweiligen Gangart neben dem Pferd her und passt dich seinem Takt an. Das ist sehr wichtig, um später einmal im Galopp aufspringen zu können.

Bei einem Pony fällt das Mittraben leichter.

 # Übungen

Diese Übungen hast du bei der Prüfung zur Auswahl:

Der **GRUNDSITZ** ist die allererste Übung, die du beim Voltigieren lernst. Setze dich aufrecht hin; den Kopf nach oben, die Schultern zurück, aber nicht hochziehen. Den Rücken gerade, die Beine liegen am Pferd, aber nicht klemmen! Die Fußspitzen sind nach unten gestreckt. Wenn du den Grundsitz frei machen willst, strecke die Arme zur Seite aus. Die Fingerspitzen sollten in Augenhöhe sein, Finger und Arme sind gestreckt.

Grundsitz

Rückwärtssitz **Sitzen vor dem Gurt**

Der **RÜCKWÄRTSSITZ** geht genauso, du musst dich nur herumdrehen, sodass du zum Schweif schaust. Führ dazu ein Bein über den Pferdehals (nacheinander kurz die Griffe loslassen) und dann das andere Bein über die Kruppe zur anderen Seite.

Das **SITZEN VOR DEM GURT** ist nicht viel schwieriger. Dafür musst du auf den Hals des Pferdes hinübersteigen. Das Sitzen vor dem Gurt geht vorwärts oder rückwärts. Wenn du willst, nimm die Arme wieder zur Seite.

67

Umsteiger

Mit dem **UMSTEIGER** kannst du vom Pferderücken auf den Hals hinüberkommen: Führe das rechte Bein über den Pferdehals nach links, die linke Hand legst du auf den rechten Griff, die rechte auf den Pferderücken. Jetzt das Gewicht auf die Arme verlagern, das linke Bein über den Pferdehals schwingen und schon sitzt du rückwärts auf dem Hals.

Orions Tipp

Denk immer daran, du turnst auf einem lebenden Pferd. Versuch, deinen Sportpartner nicht zu treten oder ihm Knie oder Fußspitzen in den Rücken zu bohren!

Für die **BANK** kniest du dich auf den Pferderücken.
Deine Schultern befinden sich über den Griffen,
die Knie unter deinen Hüften. Dein Rücken soll eine
gerade Linie bilden. Die Bank ist die Ausgangs-
position für viele fortgeschrittene Übungen.
Wenn du es schwieriger haben willst, lege eine
Hand auf deinen Rücken.

Bank

Die **BANK RÜCKLINGS** ist noch etwas schwer. Setze dich rückwärts auf das Pferd. Dann stellst du die Füße auf und drückst den Po nach oben. Die Füße sollten sich unter deinen Knien befinden. Auf deinem Bauch muss man ein Tablett abstellen können. Dafür brauchst du viel Körperspannung und auch Armkraft. Schaffst du es jetzt, ein Bein ganz gerade nach oben abzuspreizen?

Bank rücklings

Freies Knien   **Liegestütz**

Das **FREIES KNIEN** kannst du aus der Bank vorwärts aufbauen. Lasse die Griffe los und richte deinen Oberkörper auf. Nicht auf die Fersen setzen, die Oberschenkel bleiben senkrecht. Die Arme nimmst du zur Seite. Du kannst das Knien auch rückwärts machen.

Den **LIEGESTÜTZ** entwickelst du ebenfalls aus der Bank. Halte dich weiter fest und lege die Beine nacheinander auf der Kruppe ab. Du brauchst viel Körperspannung. Dein Rücken darf nicht durchhängen, dein Körper muss eine Linie bilden. Schaue dabei auf den Hals.

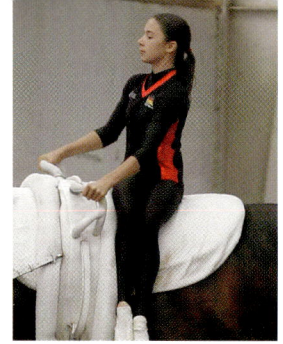

Seitsit

Für den **SEITSIT** führst du ein Bein gestreckt über den Pferdehals zum anderen Bein. Die Beine liegen nun nebeneinander. Du blickst aber nach vorn und auch dein Oberkörper ist nach vorn gedreht.

72 **Quersitz**

Der **QUERSITZ** ähnelt dem Seitsit, aber hier drehst du deinen Körper völlig zur Seite. Er muss ganz nach innen oder außen zeigen und darf nicht halb nach vorne gedreht sein. Streck die Hand, die zum Schweif zeigt, zur Seite aus.

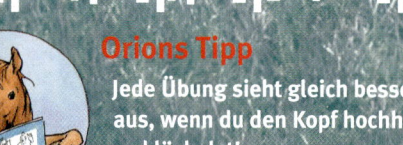

Orions Tipp

Jede Übung sieht gleich besser aus, wenn du den Kopf hochhältst und lächelst!

Beim **LIEGER** legst du dich einfach längs, oder wenn du ihn seitwärts machst, quer über den Pferderücken. Da brauchst du wieder Körperspannung – nicht dahängen wie ein Kartoffelsack, mach dich ganz steif! Du kannst dich auf den Bauch oder auf die Seite legen, die Arm- und Beinhaltung steht dir frei.

Querlieger

Schneidersitz rückwärts

Wie ein **SCHNEIDER-SITZ** geht, weißt du ja sicher. Du kannst ihn vorwärts oder rückwärts machen, angefasst oder frei, wie du willst. Wenn die Griffe es zulassen, legst du dabei die Beine vor den Gurt.

Standwaage auf dem Pferderücken

Standwaage in der Schlaufe

Die **STANDWAAGE AUF DEM PFERDERÜCKEN** beginnt wieder mit der Bank. Stelle die Füße auf, die Hände bleiben an den Griffen. Strecke jetzt ein Bein gerade nach hinten aus – so hoch, wie du kannst.

Für die **STANDWAAGE IN DER SCHLAUFE** stellst du ein Bein in die Fußschlaufe und streckst das andere aus. Du kannst die Übung vorwärts, rückwärts oder seitwärts machen. Dabei kannst du auch mit einer Hand in die Mähne oder auf den Hals greifen.

Doppelübungen

Nun fehlt dir noch eine Doppelübung für die Prüfung. Vielleicht kombinierst du mit deinem Partner zwei der Einzelübungen? Oder habt ihr eine ganz neue Idee? Deiner Fantasie sind keine Grenzen gesetzt!

Schulterstand gehalten

Liegen auf der hohen Bank

Orions Tipp

Die Absprache ist bei Doppelübungen wichtig. Übt gründlich auf dem Holzpferd und vereinbart genaue Kommandos und Bewegungsabläufe.

Querlieger und Standwaage

Doppelnadel – etwas für gelenkige Leute

Knien – Stehen

Flieger

Liegestütz gehalten

Doppelfahne

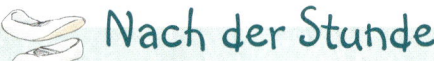

Nach der Stunde

Nach der Voltigierstunde bist du vermutlich müde. Aber denk daran: Das Pferd kommt immer zuerst. Am Schluss der Stunde wird es von allen Voltigierern gelobt und geklopft und bekommt einen Leckerbissen. Der Gurt wird abgenommen. Wenn es geschwitzt hat, muss es trockengeführt oder mit Stroh trocken-

Nach dem Training hat das Pferd Lob verdient.

Orions Tipp

Der Gurt und die Trense müssen regelmäßig gepflegt werden. Du wäschst die Lederteile mit Wasser und Sattelseife und fettest sie anschließend mit Lederfett oder Lederöl ein.

gerieben werden. Ein ver-
schwitztes Pferd kann sich
erkälten, besonders, wenn es
in Zugluft steht. Eine Decke
kann nicht schaden, wenn
es kalt ist.

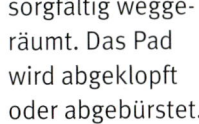

Das Gebissstück der Trense
musst du mit Wasser abwaschen – widerlich, wenn
Futter- oder Speichelreste daran kleben und ich
es am nächsten Tag wieder ins Maul nehmen soll!
Wenn das Pferd trocken ist, werden die Hufe ausgekratzt. Schweiß verklebt das Fell und juckt, also
wird auch noch einmal geputzt. Die Ausrüstung wird
sorgfältig wegge-
räumt. Das Pad
wird abgeklopft
oder abgebürstet.

**Lederfett oder Leder-
öl halten die Ausrüs-
tung geschmeidig.**

81

Tierschutz

Als Voltigierer bist du natürlich ein Tierfreund. Tierschutz ist ein wichtiges Thema in der Theorieprüfung für die Motivationsabzeichen. Einige Grundregeln solltest du als Voltigierer immer im Kopf haben:

🐴 Du bist für die Pferde verantwortlich, mit denen du umgehst. Behandle ein Pferd nie brutal, ungerecht, unbeherrscht oder mache es für Fehler verantwortlich. Fehler liegen meistens beim Menschen, denn die wenigsten Pferde sind bösartig.

🐴 Egal, ob Turnierpferd oder alter „Rentner" – jedes Pferd hat ein Recht auf artgerechte Haltung, Pflege und Liebe.

🐴 Denke daran, das Wohlbefinden und die Gesundheit des Pferdes sind wichtiger als Erfolg. Du darfst von einem Pferd nicht mehr erwarten, als es leisten kann.

- Wenn du siehst, dass Pferde oder andere Tiere schlecht behandelt werden, musst du eingreifen. Sage es einem Erwachsenen; dieser kann die Polizei oder den Tierschutzbund einschalten.

- Du verdankst uns Pferden viel Spaß und schöne Erlebnisse. Darum solltest du versuchen, uns das Leben so angenehm wie möglich zu machen! Sei freundlich und geduldig mit uns. Dann werden wir gute Freunde werden, viel voneinander lernen und schöne Stunden miteinander verbringen.

Wenn du noch Fragen zur Prüfung hast, wende dich an die FN:

Deutsche Reiterliche Vereinigung e. V.
Abteilung Ausbildung
48229 Warendorf
Tel.: 02581/63 62-0 · Fax: 02581/6 21 44
E-Mail: fn@fn-dokr.de · www.pferd-aktuell.de

 Quiz

Vor der Prüfung trainierst du natürlich fleißig in der Voltigierstunde. Für den theoretischen Teil musst du dich auch gut vorbereiten. Vielleicht lernt ihr gemeinsam, dann macht es mehr Spaß. Mit diesem Quiz könnt ihr zusammen üben:

1. Wie heißt die Leine, an der das Pferd beim Voltigieren läuft?

2. Wie nennt man ein Pferd mit braunem Fell und schwarzer Mähne?

3. Nenne drei Kaltblutrassen!

4. Was trägst du beim Voltigieren an den Füßen?

5. Wie nennt man die drei wichtigsten Futterarten für Pferde?

6. Was rufst du, wenn du die Reithalle betreten oder verlassen willst?

7. Wie heißen die weißen Flecken an Beinen und im Gesicht von Pferden?

8. Was trägt das Pferd beim Voltigieren am Kopf?

9. Wie heißen die drei Grundgangarten?

10. Wie nennt man das Kopfstück, an dem man ein Pferd anbindet?

11. Was bedeutet es, wenn ein Pferd die Ohren spitzt?

12. Wie nennt man den Kreis beim Voltigieren?

13. Wie heißen die Hilfszügel, die vom Voltigiergurt zum Trensengebiss verlaufen?

14. Wozu sind Bandagen und Gamaschen gut?

15. Warum brauchen Pferde Hufeisen?

16. Wie nennt man es, wenn ein Pferd hinkt?

17. Welche Pferdehaltung ist besonders artgerecht und warum?

18. Wie heißt die Stelle, wo der Hals in den Rücken übergeht?

19. Wo stellst du dich hin, wenn du beim Longenführer in der Zirkelmitte stehst?

20. Was musst du tun, bevor du an ein
Pferd herangehst?

21. Wie nennt man die Übung, bei der du dich mit
den Händen an den Griffen aufs Pferd kniest?

22. Nenne einige Putzgegenstände!

23. Worauf musst du immer achten,
wenn du mit Pferden umgehst?

24. Woran erkennst du, dass ein Pferd aggressiv ist?

25. Was bedeutet es, wenn ein Pferd eine Kolik hat?

26. Nenne drei Abzeichen, die
ein Pferd am Kopf haben kann!

27. Nenne drei Warmblutrassen!

28. Was gehört zur täglichen Hufpflege?

29. Was darfst du beim Führen nie tun?

30. Was wird nach dem Voltigieren gemacht?

31. Was tust du am Anfang der Voltigierstunde?

32. Wie wird der Stall gepflegt?

 # Lösungen

1. Longe
2. Brauner
3. Ardenner, Shire Horse, Percheron
4. Schläppchen
5. Raufutter, Kraftfutter und Saftfutter
6. Tür frei!
7. Abzeichen
8. Eine Trense
9. Schritt, Trab und Galopp
10. Halfter
11. Es ist aufmerksam und freundlich.
12. Zirkel
13. Ausbinder
14. Sie schützen die Beine.
15. Sie schützen die Hufe vor Abnutzung.
16. Lahmen
17. Der Offenstall. Pferde sind Lauftiere, im Offenstall haben sie Auslauf; sie sind Herdentiere, im Offenstall haben sie Kontakt zu Artgenossen.

18. Widerrist
19. Hinter die Peitsche
20. Du musst es ansprechen.
21. Bank

22. Striegel, Kardätsche, Wurzelbürste
23. Pferde sind schreckhaft und
    scheuen vor Unbekanntem.

24. Es legt die Ohren an.
25. Es hat Bauchschmerzen.
26. Stern, Blesse und Schnippe
27. Hannoveraner, Holsteiner, Württemberger
28. Die Hufe müssen jeden Tag ausgekratzt werden.
29. Den Strick um die Hand wickeln
30. Das Pferd wird trockengerieben oder trocken-
    geführt, das Fell geputzt und die Hufe werden
    ausgekratzt. Die Ausrüstung wird sauber
    aufgeräumt.
31. Aufwärmen, zum Beispiel mit Lauf-, Kraft- und
    Dehnübungen
32. Es wird täglich ausgemistet, neues Stroh
    verteilt und die Stallgasse gekehrt.